Fiche **philosophe**

Par Philippe Staudt

Hume

LePetitPhilosophe.fr

HUME

PHILOSOPHE ÉCOSSAIS FONDATEUR D'UNE PHILOSOPHIE DES PASSIONS

- **Né en 1711 à Édimbourg**
- **Décédé en 1776 à Édimbourg**
- **Quelques-unes de ses œuvres :**
  - *Traité de la nature humaine* (1740)
  - *Enquête sur l'entendement humain* (1748)
  - *Enquête sur les principes de la morale* (1751)

Le projet de David Hume est de **fonder une science de l'homme** sur le modèle des sciences de la nature. Face aux spéculations non rigoureuses de la métaphysique et de la religion, il cherche à établir une véritable science de la nature humaine. Selon lui, toute notre connaissance de l'homme est faite de superstitions et de préjugés. Son but est donc de **dépasser ces préjugés** en appliquant à l'homme la **méthode expérimentale** qui a permis, un demi-siècle plus tôt, de fonder une science rigoureuse de la nature.

BIOGRAPHIE

L'ENFANCE ET LES PREMIÈRES ŒUVRES

Né en **1711** à Édimbourg, en Écosse, et issu d'une famille de la **petite bourgeoisie écossaise**, David Hume perd son père alors qu'il n'a que trois ans. Il est alors élevé par sa mère et un oncle pasteur aux principes rigides. Il entre au **collège d'Édimbourg** à l'âge de onze ans. Après un **intense apprentissage culturel** pendant lequel il découvre les pensées de Michel de Montaigne (1533-1592), de René Descartes (1596-1650) et de Nicolas Malebranche (1638-1715), et fait la découverte, essentielle pour l'ensemble de sa réflexion philosophique, de Isaac Newton (1642-1727), Hume est **au bord du surmenage et de la dépression**. Il met alors fin à ses études et s'adonne pour un temps à des **activités commerciales**.

Seulement, il ne peut résister longtemps à sa vocation première, **la philosophie**. En **1734**, il s'embarque pour la **France** avec la ferme intention de rédiger un ouvrage ayant « la nature humaine pour principal sujet d'étude ». En **1739**, alors que Hume n'a que vingt-huit ans, paraissent **les deux premiers livres du *Traité de la nature humaine*** : le premier porte sur l'entendement tandis que le second traite des passions. Le troisième livre, sur la morale et la politique, est publié en 1740. Malheureusement, c'est un **échec** : l'ouvrage, dit-il, est tombé « mort-né de la presse ».

N'obtenant pas la reconnaissance littéraire et académique qu'il recherchait, Hume passera le reste de sa vie à réécrire son traité sous la forme, plus populaire, de l'essai. En 1741, il publie *ses Essais moraux, politiques et littéraires*, mais le **succès** se fera encore attendre quelques années, jusqu'à la parution de l'***Enquête sur l'entendement humain***, en **1748**, et de l'***Enquête sur les principes de la morale***, en **1751**. Hume accède alors pour la première fois, à quarante ans, à une situation professionnelle stable : il devient conservateur à la bibliothèque de l'Ordre des avocats d'Édimbourg.

LA RECONNAISSANCE ET LE SUCCÈS

Il démissionne de ses fonctions en **1757**, puis quitte l'Écosse conservatrice pour **rejoindre la France**, où la Cour et les milieux lettrés sont impatients de rencontrer cet ennemi de la superstition et du fanatisme. **Son œuvre est enfin reconnue**. Commence désormais pour lui une **vie mondaine** pendant laquelle d'importantes charges diplomatiques lui sont confiées. Bien qu'il ne réussît jamais à se départir de l'image du gros philosophe écossais, maladroit et peu doué au jeu de la pique et des reparties des salons parisiens, il devint très **proche des philosophes de l'*Encyclopédie***.

BON À SAVOIR

L'***Encyclopédie*** est un ouvrage monumental publié entre 1751 et 1772, à l'initiative de Denis Diderot (1713-1784) et de Jean Le Rond d'Alembert (1717-1783), et rédigé par près de cent-cinquante philosophes et savants. Son objectif est de dresser un panorama des connaissances de l'époque.

De **retour en Angleterre**, Hume devient sous-secrétaire d'État à Londres en **1767**. C'est à cette époque qu'il accueille Jean-Jacques Rousseau (1712-1778) qui doit fuir la France. Toutefois, leurs relations, d'abord excellentes, se dégradent alors que Rousseau soupçonne Hume, en raison de ses liens avec les encyclopédistes, de jouer un double jeu.

Deux ans plus tard, en **1769**, Hume retourne à **Édimbourg** pour se concentrer sur son dernier ouvrage : les ***Dialogues sur la religion naturelle***. En raison de l'importance accordée à la critique de la religion et de l'idée de finalité, ces Dialogues peuvent être considérés comme l'achèvement du système philosophique de Hume. Ils paraissent en **1779**, trois ans après sa mort.

CONTEXTE PHILOSOPHIQUE

LOCKE ET L'EMPIRISME

Le philosophe anglais **John Locke** (1632-1704) eut une très grande influence sur la pensée de Hume, principalement ses réponses au débat concernant l'origine de notre connaissance. Face aux partisans des idées innées (notamment Descartes), qui soutiennent que toute connaissance provient d'idées présentes universellement et naturellement dans la raison humaine, Locke affirme que **la connaissance rationnelle a pour origine l'expérience**. L'empirisme estime donc que toute réalité est connue par les sens et l'observation.

BON À SAVOIR

L'**empirisme** désigne la théorie philosophique selon laquelle la connaissance provient de l'expérience sensible. Il s'oppose au **rationalisme**, qui estime au contraire que toute connaissance est issue de principes universels présents dans la raison humaine.

Hume reprend à Locke cette conception de la connaissance, bien qu'il refuse de voir un lien nécessaire entre l'expérience et la raison. Certes **le réel est connu par l'expérience, mais cette connaissance n'est pas nécessairement rationnelle**. Entre la fantaisie et la science, il n'y a pas de garde-fou. La difficulté sera alors de rendre compte de la différence entre une conception fantaisiste et une conception rationnelle de la réalité.

BERKELEY ET LE SCEPTICISME

George Berkeley (1685-1753) affirme quant à lui **l'impossibilité de déterminer la réalité des choses**. Tout ce que l'on peut connaitre, ce sont des « contenus » de conscience, c'est-à-dire les choses qui sont présentes à l'esprit. Nous n'avons en effet aucun moyen de savoir si ces choses sont réelles. Tout ce que nous pouvons dire, c'est que des choses « apparaissent » à la conscience. Cette impossibilité de connaitre la réalité des choses conduit au **scepticisme**, c'est-à-dire à une suspension du jugement concernant l'existence des choses.

Hume étend le scepticisme de Berkeley à **la réalité substantielle de l'âme**. Berkeley remet en question l'existence des choses, non de l'âme, car il estime que les phénomènes sont perçus par une conscience. Or, pour Hume, rien ne prouve que l'âme ou le moi existent dans la mesure où ils n'apparaissent jamais dans l'expérience. Tout ce que nous observons, ce sont **des impressions et des perceptions particulières, multiples et variables**, non des formes unes et constantes. C'est pourquoi il étend le doute à la réalité substantielle de la conscience.

NEWTON ET LA MÉTHODE EXPÉRIMENTALE

Physicien et mathématicien, **Isaac Newton** (1643-1727) découvre à la fin du XVIIe siècle le principe qui permet d'unifier la physique céleste et la physique terrestre : **la force**

de gravitation. Révolutionnaire, cette théorie fait débat, car, si l'idée de force permet d'expliquer les phénomènes observés, elle reste en soi inintelligible. Qu'est-ce que la force ? Pourquoi exerce-t-elle une attraction sur les corps ? Newton sacrifie ainsi la compréhension de l'essence, de la nature des choses à la connaissance des relations entre les phénomènes. Le **divorce entre la science et la métaphysique** est consommé.

BON À SAVOIR

La **métaphysique** désigne la science des premières causes et des premiers principes, autrement dit la science de l'être.

Hume est **très influencé par la physique newtonienne**, notamment par la notion de force, que l'on retrouve régulièrement sous sa plume. Les idées sont pour lui des atomes qui s'unissent dans la pensée sous l'effet d'une force d'attraction.

Mais le legs le plus important de Newton à Hume est méthodologique. La démarche de Newton est résumée par une citation célèbre : *hypotheses non fingo*. **Newton** recommande de ne pas « feindre » d'hypothèses, autrement dit :

- il **conteste la légitimité du raisonnement déductif**, qui part d'hypothèses métaphysiques pour expliquer la nature des choses (qui va du général au particulier) ;
- il **lui oppose le raisonnement inductif**, qui ne recon-

nait que l'autorité de l'expérience comme critère de validité des théories scientifiques (qui va du particulier au général).

L'originalité de **Hume** consiste à **appliquer cette méthode expérimentale à la connaissance de l'homme**. Newton limitait cette méthode à la connaissance de la nature ; Hume en fait le cheval de Troie d'une science de la nature humaine. Le projet, en soi, est scandaleux, car il revient à placer sur le même plan l'homme et la nature. L'homme, pour Hume, n'est pas un sujet, mais un phénomène comme un autre.

PENSÉE ET APPORT

LA CONNAISSANCE DE L'HOMME

L'expérience comme impression

Hume est un philosophe empiriste : il n'admet comme légitime qu'une connaissance procédant de l'expérience (citation 1). Et pour lui, **l'expérience est essentiellement « apparaitre »**, c'est-à-dire **présence à l'esprit**.

La première évidence qui apparait à la pensée est ce qu'il appelle des « impressions ». **L'impression** doit avant tout être **distinguée de la notion de chose** :

- la chose a une identité et une permanence dans le temps. Elle est définissable par certaines propriétés qui ne varient pas en fonction de la perception que l'on en a ;
- au contraire, l'impression n'a aucune permanence. Elle est fugitive et instantanée. De plus, elle n'est pas composée de parties : l'impression se définit par la simplicité. Ainsi, parce qu'elle est **variable, instantanée et simple**, l'impression n'est pas une chose. Aussi, puisque la chose est ce que pense l'esprit, Hume en conclut que l'impression définit un niveau de réalité en deçà de la conscience et du jugement : l'impression **appartient à la sensibilité. La réalité première, le fondement de toute connaissance, est donc la sensibilité**.

En somme, pour Hume, l'impression est **la réalité avant la réflexion de la conscience et le jugement sur la nature des choses**. L'impression n'est ni subjective ni objective.

C'est la réalité avant toute identification de la conscience et du jugement. L'impression renvoie donc à une réalité fugitive, changeante et chaotique.

L'origine des idées

Le problème consiste alors à expliquer **comment**, à partir des impressions premières et chaotiques de la sensibilité, **nous parvenons à construire un monde stable et ordonné d'objets**. Les philosophes rationalistes expliquent l'origine de nos connaissances par la présence dans l'esprit d'idées innées, de principes rationnels. Hume refuse, quant à lui, cette explication : selon lui, les idées par lesquelles nous donnons forme à l'expérience procèdent elles aussi de l'expérience. En bref, pour Hume, même l'ordre, la pensée et l'esprit naissent de l'expérience (citation 2).

C'est pourquoi il soutient que **toutes nos idées dérivent de nos impressions**. Plus précisément, pour Hume, **les idées sont des images affaiblies des impressions dans la pensée et le raisonnement**. Les idées, comme les impressions, sont donc des perceptions. Elles se distinguent cependant par leur vivacité :

- une impression est une sensation : en ce sens, ce qui la définit, c'est son intensité, sa force ;
- une idée est une copie de sensation : en tant que copie ou image, ce qui définit l'idée, c'est sa capacité à représenter une impression. La perception, quand elle devient idée, gagne en représentation ce qu'elle perd en vivacité. C'est pourquoi l'idée est une perception affaiblie par la réflexion.

Puisque l'idée est définie comme une copie, et qu'une copie n'est pas une présence originale, l'idée n'est donc pas une pure apparition comme l'impression : l'idée est plutôt une réapparition. Le passage de la sensibilité (de l'impression) à la pensée (l'idée) nécessite donc une répétition ou une re-production de l'impression. Pour Hume, **l'esprit reproduit l'impression de deux manières** :

- soit **par la mémoire**, qui reproduit l'impression en conservant sa vivacité ;
- soit **par l'imagination**, qui fait apparaitre l'idée sans que celle-ci ait conservé quoi que ce soit de la vivacité originale de son modèle.

La mémoire et l'imagination sont donc des reproductions de l'impression qui permettent de passer de la sensibilité à la pensée. Ce sont en ce sens des principes essentiels de la nature humaine, puisqu'elles rendent possible la genèse de l'esprit.

Les idées se divisent en deux types :

- **les idées simples**. En tant qu'idée simple, l'idée est une copie ou une image de l'impression dans la conscience ;
- **les idées complexes**. En tant qu'idée complexe, l'idée est **un agencement d'idées simples**. Mais de quel type est cet agencement ?

L'association des idées

En définissant les idées comme des images des impressions, nous ne sommes pas encore en mesure de comprendre le passage du chaos originaire de la sensibilité à un monde ordonné d'objets pour la conscience. En effet, à ce stade de l'explication, nous n'avons pas un monde, mais **un chaos fait d'une multiplicité d'idées**. Celles-ci sont comme des atomes : elles sont simples et indépendantes les unes des autres. Pour comprendre la mise en ordre du donné sensible, **Hume doit donc rendre compte des relations entre les idées**.

Pour le philosophe, la relation est extérieure aux idées. En effet, de la connaissance d'une idée, on ne peut déduire sa relation à une autre. Toute relation est par conséquent une association : **l'imagination associe librement les idées selon sa fantaisie**, sans que cette activité soit consciente ou volontaire. Néanmoins, trois tendances (ou « forces douces », selon l'expression de Hume) apparaissent dans l'association des idées :

- **la ressemblance,**
- **la contigüité**
- **et la relation de cause à effet.**

Ces tendances sont si coutumières que Hume en fait des principes universels (citation 3). Et **ce sont ces principes qui définissent la genèse de l'esprit**. Dès lors, **celui-ci ne précède pas l'expérience** : il nait de la mise en relation des idées par l'imagination. C'est pourquoi Hume appelle les relations entre les idées des relations naturelles : elles ne constituent pas la connaissance en tant que telle du réel, mais elles représentent la condition de possibilité de la connaissance. Ce n'est que dans un second temps que l'esprit se penche sur ces relations et devient entendement : cette réflexion sur les principes d'association des idées permet d'établir des relations philosophiques, à partir desquelles la science devient possible.

Cette conception pose cependant problème dans la mesure où aucun principe ne permet de faire la distinction entre une association d'idées correcte et une association d'idées fantaisiste, puisque les relations entre les idées ont pour origine l'imagination, non la raison. Or si toute association est libre, alors il n'est plus possible de distinguer le savant d'un fou. Aucune pensée ne peut prétendre à la vérité. Hume maintient cependant les idées de rationalité, de science et de vérité. Comment ?

L'habitude : l'origine de la régularité des phénomènes

Un principe est nécessaire pour contrebalancer l'arbitraire de l'imagination. Cet arbitraire est d'ailleurs contredit par l'expérience. Il ne viendrait en effet à personne l'idée de remettre en question le fait que, par exemple, le soleil se lève chaque jour. Il y a donc bien une régularité de l'expérience. **Mais d'où vient cette capacité de l'esprit à passer de l'existence d'un fait à l'idée de la répétition de ce fait ?**

L'enjeu pour Hume est de rendre compte de l'idée de régularité sans déroger à son principe d'explication des idées par l'expérience. Alors même qu'il n'admet que l'existence du particulier et du contingent, le problème consiste à expliquer pourquoi nous avons l'idée que des choses « doivent » se produire, autrement dit, quelle est la cause de notre idée du général et du nécessaire. Si le lever du soleil est un fait que nous constatons chaque matin, ce fait ne suffit pas pour autant à expliquer pourquoi nous avons la conviction qu'il se lèvera tous les jours.

Hume découvre dans **l'habitude un facteur naturel de régularité**. Si notre esprit établit des relations constantes entre les idées au-delà de ce qui est donné dans l'expérience, c'est en vertu de l'habitude. L'idée de régularité est donc naturelle sans pour autant être donnée dans une impression.

En réalité, **sans l'habitude**, qui donne au fait la généralité et la régularité dont a besoin l'esprit pour se projeter dans l'avenir, **l'esprit serait prisonnier du particulier et du présent**. Aucune science ne serait possible puisque nous ne pourrions rien prévoir. Or le monde doit avoir une certaine régularité pour être pensé. Sans cela, il serait perpétuellement nouveau : ce que nous penserions du monde à un instant serait ainsi inévitablement faux l'instant d'après. Sans l'habitude, **le monde, tout simplement, n'existerait pas** : il n'y aurait que du chaos.

La régularité procède donc elle aussi de l'expérience. La nature affecte la pensée d'une certaine manière, produisant une habitude, laquelle nous permet d'inférer de l'existence d'un fait à celle de sa généralité. Bref, l'habitude produit une attente : ce qui s'est passé plusieurs fois doit se répéter. La régularité, qui n'est jamais donnée dans une impression, nait pour ainsi dire à fortiori de la répétition de cas particuliers.

Le principe de causalité

De toutes les relations naturelles entre les idées, celle

de causalité est la plus difficile à expliquer. Lorsque nous analysons la relation de cause à effet, nous découvrons **la nécessité**. Or celle-ci n'est jamais observable directement, tout comme l'idée de régularité. **D'où vient alors cette idée ?**

La relation de cause à effet est **l'idée d'une connexion nécessaire entre deux faits** : de l'existence d'un fait doit s'ensuivre nécessairement l'existence d'un autre. Or ce que l'on peut observer dans la nature est au mieux des conjonctions constantes entre les faits, autrement dit la contigüité de deux faits, l'un succédant à l'autre, ainsi que la régularité de leur relation. Mais la nécessité implique de pouvoir dire : à chaque fois que A, donc B. La difficulté consiste précisément dans l'explication de cette conséquence. Puisque toute idée a une origine factuelle, on ne peut déduire l'existence d'une chose de l'idée d'une autre chose.

La solution de Hume consiste à faire de l'idée de connexion nécessaire **une croyance**. Une conjonction constante entre deux faits accoutume l'esprit à cette relation. **L'habitude détermine une certaine attente** dans l'observation de l'enchainement des phénomènes **et donc une croyance**. Autrement dit, c'est parce qu'il y a répétition de l'habitude que la croyance est possible : on voit des choses se répéter, par exemple l'évènement B apparait après l'évènement A, on s'y accoutume et c'est ainsi qu'on croit à l'action réelle de A sur B (citation 4). On ne pourra cependant jamais fonder avec certitude la nécessité d'un enchainement.

Entre doute et certitude, la probabilité

En faisant de la croyance le fondement de notre idée de nécessité, Hume semble mettre à bas tous les espoirs d'une époque. Depuis Descartes, la philosophie prétend à une connaissance certaine des choses. En rejetant la certitude de la connaissance, Hume semble nous condamner au doute sceptique : il nie toute possibilité de parvenir à une certitude concernant la réalité des choses.

Néanmoins **le philosophe ne désespère pas de fonder une connaissance systématique de la nature**. Hume tempère en effet son scepticisme en affirmant que **la croyance** qui nait de la conjonction constante des relations **donne une assurance à la pensée**, même si cette assurance ne vaut pas la certitude d'une connaissance fondée par la raison.

Hume distingue **différents degrés d'évidence** :

- **la certitude** définit uniquement l'évidence des **raisonnements mathématiques** et des **raisonnements par preuve** – les premiers parce qu'ils n'impliquent pas l'existence des choses qu'ils affirment, les seconds parce qu'il suffit de présenter un fait pour corroborer une affirmation – ;
- **l'incertitude** définit l'évidence des **probabilités**. Cette évidence est plus problématique. Comment, en effet, parler de connaissance alors que nous ne sommes pas certains de sa vérité ? La stratégie de Hume consiste à distinguer **deux types de probabilités** : celle qui repose sur le hasard et **celle qui est appuyée par des causes**. La probabilité de la relation de cause à effet est alors

si élevée qu'elle **se rapproche de la connaissance certaine**. L'assurance qu'un élément s'ensuive de l'existence
d'un autre est si forte qu'il devient presque impossible
de douter de la vérité de cette relation. Hume maintient
ainsi l'idée de causalité malgré l'impossibilité de la fonder
en raison. Nous connaissons la relation de cause à effet
par l'observation d'une conjonction constante entre des
faits, non de la définition de la nature d'une chose. De la
répétition de cette conjonction nait une croyance si forte
que cela l'apparente à une connaissance certaine. **La
croyance devient ainsi le fondement de notre connaissance de la nature**.

LA MORALE ET LES INSTITUTIONS

Nous avons vu la difficulté pour Hume d'expliquer la régularité des phénomènes que nous observons. Or ce problème
se pose d'autant plus au niveau moral. Sur quoi en effet
fonder le jugement moral par lequel nous distinguons le
bien du mal ? Quelle norme peut servir de principe à nos ac-
tions ? L'enjeu pour Hume est de **trouver dans les passions
humaines une norme à nos jugements et à nos actes**.

Le sens moral

Toutes les idées procédant, selon Hume, de l'expérience,
nous n'avons aucune idée innée du bien et du mal. Tout
comme la connaissance, **la morale est de l'ordre de la
sensibilité**, non de la rationalité (citation 5). Autrement dit,
le jugement moral n'implique aucune détermination rationnelle : **notre jugement moral découle du sentiment**, c'est-
à-dire, pour Hume, de **l'impression par laquelle l'homme**

connait la distinction du bien et du mal. Hume appelle ce sentiment, grâce auquel nous connaissons le bien et le distinguons du mal, le sens moral. Mais quelle est au juste cette idée du bien que nous connaissons par le sentiment ?

Le principe de plaisir

Les sens ne nous donnent jamais du bien qu'une seule idée : le plaisir. Et c'est selon Hume **le principe de toute action** : l'homme recherche le plaisir et fuit la douleur. Le bien est donc ressenti, et c'est pour cette raison même que nous sommes capables d'en juger. Si le bien ne se faisait sentir, nous n'en aurions jamais eu l'idée.

Le plaisir joue un rôle essentiel dans la philosophie de Hume. C'est **un principe non seulement pour l'action, mais aussi pour la connaissance**. En effet, en tant que sensation, toute impression est toujours accompagnée d'une valeur : soit elle est agréable, soit elle est douloureuse.

La sympathie comme fondement naturel du lien social

En réalité, pour Hume, **le plaisir n'est pas une passion égoïste**. L'originalité de sa morale est de montrer que **l'altruisme produit une satisfaction** : l'individu prend plaisir à la vie en société et au bonheur d'autrui. Comment ?

La nature humaine est selon Hume essentiellement sociale : l'homme a naturellement tendance à partager ses émotions et à éprouver de la sympathie, un amour spontané, pour les autres. Il a une préoccupation naturelle et désintéressée pour autrui (citation 6).

Hume s'oppose ainsi avec fermeté aux morales égoïstes. L'amour de soi et la cupidité ne peuvent être les principes autour desquels s'est construite la société. Il existe **un principe naturel de sympathie** qui fait de l'homme un être essentiellement social. C'est pourquoi la morale humienne est essentiellement tournée vers autrui. Les plus hautes vertus ne sont pas individuelles, mais sociales.

Cela fait indéniablement de Hume un optimiste moral. Mais cet optimisme n'est-il pas quelque peu naïf ? Comment Hume peut-il voir en l'homme un être bienveillant alors que l'égoïsme, la cupidité et la haine sont les acteurs principaux de l'histoire de l'humanité ? Si l'homme est naturellement bon, comment expliquer la guerre et le conflit ?

Avidité et partialité

Hume est conscient de la réalité de la société. Il ne nie pas le conflit comme effet des rapports sociaux. Seulement, il critique les penseurs qui veulent rendre compte du conflit en prétendant que la nature humaine est animée par un principe individuel et égoïste.

Selon le philosophe, **l'avidité nait d'une disproportion entre les besoins et les ressources**. L'homme est le seul être dont les besoins dépassent les moyens que lui a donnés la nature pour les satisfaire (citation 7). C'est pourquoi il prend à autrui ce dont il ne dispose pas. Le mal nait alors de l'association de l'outrance du désir et de la faiblesse physique.

Par ailleurs, **la sympathie** n'est pas un principe abstrait.

Plus précisément, elle **n'est pas un amour de l'humanité entière, mais un amour de nos proches**. Plus la distance avec un être est grande, plus notre bienveillance à son égard diminue. L'homme se montre donc partial.

La nature sympathique de l'homme ne suffit donc pas à elle seule à réguler la vie sociale. L'avidité et la partialité rendent en effet le conflit inévitable. C'est pourquoi, **l'homme doit inventer des normes pour compenser les imperfections de la morale naturelle**.

La justice : nature et institution

L'institution ne nait pas pour Hume d'une rupture avec la nature : autrement dit la société ne s'oppose pas à la nature. Aussi, puisque l'homme, par le sentiment de sympathie, est naturellement lié à ses proches, le philosophe rejette-t-il toute conception de la société fondée sur l'idée de contrat.

Selon lui, **la justice est ce qui rend la vie en société possible** : elle régule et arbitre les relations entre les hommes. Plus précisément, la justice a pour but de **compenser les tendances de l'homme à l'avidité et à la partialité**.

La première idée du droit nait dans la famille, où l'enfant se voit imposer un certain nombre d'interdits. L'avidité est très manifeste chez l'enfant, qui vole les jouets de son copain ou saisit les haricots dans l'assiette de son petit frère : il ne possède pas la notion de la propriété et du vol. L'autorité familiale est donc la source de la distinction du licite et de l'illicite. La justice est ensuite l'extension au corps social de cette fonction de protection de la possession. Celle-ci serait sans cesse menacée par l'avidité d'autrui si elle ne bénéficiait de la protection d'une institution publique. L'institution a ainsi pour but de **préserver l'intérêt personnel**. En préservant l'intérêt de chacun, la justice garantit **l'intérêt de tous**.

Cette nécessité ne remet-elle pas en question l'idée d'une nature humaine foncièrement sympathique ? **L'amour d'autrui est certes imparfait, mais il demeure pour Hume un principe naturel régulateur** des relations entre les hommes. **La norme artificielle a davantage un effet d'encouragement des vertus humaines**, des tendances naturelles de l'homme au vrai, au bien et au beau, que de correction des vices. Les vertus ne demandent qu'à s'exprimer : les institutions, telles que la justice, l'éducation ou l'État, ont pour fonction de les développer.

Hume est un philosophe empiriste : il considère que **toute connaissance provient de l'expérience**. Et l'expérience apparait à l'esprit **sous la forme d'impressions** qui appartiennent à la sensibilité.

Mais comment, à partir d'impressions sensibles, parvenons-nous à construire un monde stable et ordonné d'objets ? Selon Hume, **toutes nos idées dérivent de nos impressions** : elles sont **des images affaiblies des impressions** dans la pensée. L'esprit reproduit les impressions soit par la mémoire, soit par l'imagination, pour donner naissance aux idées.

Pour ordonner le monde sensible, **l'imagination associe ensuite librement les idées entre elles, selon trois principes universels** (la ressemblance, la contigüité et la relation de cause à effet). Ces principes **donnent naissance à l'esprit**, qui provient par conséquent de la mise en relation des idées par l'imagination.

Cette conception pose toutefois problème : comment distinguer les associations correctes et les associations fantaisistes, puisqu'elles ont pour origine l'imagination ? Un principe est dès lors nécessaire pour contrebalancer l'arbitraire de l'imagination : **grâce à l'habitude, notre esprit est capable de passer de l'existence d'un fait à l'idée de répétition de ce fait**. Par ailleurs, l'habitude détermine une attente dans l'observation de l'enchainement des phénomènes, donc une croyance en l'idée de cause à effet.

Hume s'est également intéressé à **la morale**, qui **relève selon lui de la sensibilité** : les sens nous donnent du bien l'idée de plaisir. Mais le plaisir, pour Hume, n'est pas une passion égoïste : l'altruisme produit une satisfaction. Le philosophe estime que **l'homme est naturellement porté à la sympathie envers autrui**.

Votre avis nous intéresse !
Laissez un commentaire sur le site de votre librairie en ligne
et partagez vos coups de cœur sur les réseaux sociaux !

POUR ALLER PLUS LOIN

- BLAY (Michel), *Dictionnaire des concepts philosophiques*, Paris, Larousse, 2007.
- BRAHAMI (Frédéric), *Introduction au* Traité de la nature humaine *de David Hume*, Paris, PUF, 2003.
- HUISMAN (Denis), *Dictionnaire des philosophes*, Paris, PUF, 2009.
- HUME (David), *Enquête sur l'entendement humain*, traduction d'André Leroy et de Michel Beyssade, Paris, GF-Flammarion, 1983.
- HUME (David), *Enquête sur les principes de la morale*, traduction de Philippe Baranger et de Philippe Saltel, Paris, GF-Flammarion, 1991.
- HUME (David), *Traité de la nature humaine*, traduction de Philippe Baranger et de Philippe Saltel, Paris, GF-Flammarion, 1995.
- MALHERBE (Michel), *La Philosophie empiriste de David Hume*, Paris, Vrin, 2001.
- SALTEL (Philippe), *Le Vocabulaire de David Hume*, Paris, Ellipses, 2009.

TESTEZ VOS CONNAISSANCES !

ASSOCIEZ CHAQUE CITATION À L'EXPLICATION QUI LUI CORRESPOND

Citation 1 : « [...] toutes les lois de la nature et toutes les opérations des corps sans exception se connaissent seulement par l'expérience [...]. » (*Enquête sur l'entendement humain*, Paris, GF-Flammarion, 1983, p. 88)

Citation 2 : « Il me semble évident que, puisque l'essence de l'esprit nous est aussi inconnue que celle des corps extérieurs, il doit être également impossible de former une notion de ses pouvoirs et qualités autrement que par de soigneuses et rigoureuses expériences et par l'observation des effets particuliers qui résultent des différentes circonstances et situations où il se trouve. » (*Traité de la nature humaine*, Paris, GF-Flammarion, 1995, p. 35)

Citation 3 : « Étant donné que toutes les idées simples peuvent être séparées par l'imagination et qu'elle peut les unir de nouveau sous quelque forme qui lui plaît, rien ne serait plus incompréhensible que les opérations de cette faculté si elle n'était guidée par des principes universels qui la rendent, dans une certaine mesure, cohérente avec elle-même en tous temps et en tous lieux. » (*Traité de la nature humaine*, Paris, GF-Flammarion, 1995, livre 1, partie 1, section 4, p. 53)

Citation 4 : « L'idée de cause et d'effet provient de l'expérience qui, en nous présentant certains objets constamment joints l'un à l'autre, produit une telle habitude de les considérer dans cette relation que nous ne pouvons les considérer en aucune autre sans nous faire sensiblement violence. » (*Traité de la nature humaine*, Paris, GF-Flammarion, 1995, livre 1, partie 3, section 11, p. 194)

Citation 5 : « [La] moralité est plus proprement sentie que jugée. » (*Traité de la nature humaine*, Paris, GF-Flammarion, 1995, livre 3, partie 1, section 2)

Citation 6 : « Il n'est peut-être pas possible d'endurer un châtiment plus pénible que l'isolement complet. Tout plaisir devient languissant quand on en jouit hors de toute compagnie ; et toute peine devient alors plus cruelle et plus intolérable. » (*Traité de la nature humaine*, Paris, GF-Flammarion, 1995, livre 2, partie 2, section 4, p. 211)

Citation 7 : « C'est en l'homme seulement que l'on peut observer [...] cette union monstrueuse de la faiblesse et du besoin. » (*Traité de la nature humaine*, Paris, GF-Flammarion, 1995, livre 3, partie 2, section 2)

Explication a : l'imagination associe les idées selon trois principes universels valables en tous temps et en tous lieux.

Explication b : sans l'habitude, qui donne au fait la généralité et la régularité dont l'esprit a besoin pour se projeter dans l'avenir, aucune science ne serait possible et le monde n'existerait pas.

Explication c : la morale est de l'ordre de la sensibilité, non de la rationalité.

Explication d : l'expérience, en faisant apparaitre systématiquement certains objets ensemble, nous accoutume à considérer qu'ils sont en relation, d'où l'idée de cause à effet.

Explication e : la seule source légitime de connaissance est l'expérience.

Explication f : la croyance est le fondement de notre connaissance de la nature.

Explication g : l'idée est une copie de sensation reproduite par l'esprit soit par la mémoire, soit par l'imagination.

Explication h : même les pouvoirs et les qualités de la pensée et de l'esprit ne peuvent être connus autrement par l'expérience.

Explication i : l'homme est le seul être dont les besoins dépassent les moyens que lui a donnés la nature pour les satisfaire.

Explication j : l'homme étant naturellement social, l'isolement serait probablement pour lui le pire des châtiments.

Rendez-vous sur lepetitphilosophe.fr et découvrez :

Plus de 1200 analyses
Claires et synthétiques
Téléchargeables en 30 secondes
À imprimer chez soi

L'éditeur veille à la fiabilité des informations publiées, lesquelles ne pourraient toutefois engager sa responsabilité.

© LePetitPhilosophe.fr, 2017. Tous droits réservés.

www.lepetitphilosophe.fr

ISBN version numérique : 978-2-8062-4945-6
ISBN version papier : 978-2-8080-0130-4
Dépôt légal : D/2017/12603/514

Conception numérique : Primento,
le partenaire numérique des éditeurs.

Made in the USA
Monee, IL
07 July 2026